JN439775

_______________ 님께

강대희

김다희 시집

두손푸름시인선 62

골목別曲

김다희 시집

도서출판 두손컴

| 시집을 엮으며

골목의 어깨 보다
더 커버린 지금,
골목에 들면
어린 날 읽던
동화책 소리 들린다

내 고장의 가장 낮은 곳에 엎딘
곳곳의 골목,
골목이 들려주는 이야기
침 발라가며
꼭꼭 눌러 받아쓰고 싶었다

긴 이야기보다
짧고 단단한 이야기에만 귀 기울였다

골목은
더 이상 어두운 곳이
아니라 말해주고 싶다
밝음도 어둠 곁에서라야
빛난다는 걸 일러주고 싶다

2013. 12.

차 례

감천문화마을

안창마을

산복도로

물만골

감천문화마을

골목別曲 1 – 감천 문화 마을

마음 따라 휘어지는 것이
얼마나 뜨거운 일인지
온몸으로 휘어져 본
사람은 안다
욕심내지 않고 얻을 수 있는 것
어디 있을까만
들썩들썩 들썩이는 세상 밖에서
모든 것은 마음속에 있다고
마음을 둥글리며 사는 사람들
저 둥근 골목마다
푸른 굴렁쇠를 굴리고 있다
골목이 만드는 평행선 따라
산 그림자 몰래 내려오면
금세 말간 물이 드는 곳
구름이 저녁을 털며
산 너머로 기울면
휘어진 골목마다
꽃인 양 등불이 피어나는 곳

골목別曲 2

- 골목의 말

·

·

골목의 입벌린 모퉁이를 보면 한평생 골목을 밟다 갔을 그의 신발이 눈에 밟힙니다 어디선가 남루하게 누워있지나 않을지, 버려져 있지나 않을지 까닭없이 먹먹하여 울컥해집니다

젖은 눈으로 돌아보면 사랑이라 이름 붙였던 무수한 항해는 사랑 밖에서 빛을 잃었습니다 그렇듯 계절의 모퉁이가 닳아 퇴적될 때마다 저 힘겨운 골목의 마지막 항해일지에서 흘러나온, 그립다는 고백 또한 농담처럼 북회귀선 어디선가 침잠하고 있을 것입니다

골목別曲 3

– 꽃의 門

밑씨가 비밀의 문을 여는 시간
어둠을 하늘로 밀어 올리는 꽃대

고독한 것은 스스로 빛나는 문장이다

도르르 말린 꽃잎 속에
詩자 한 자 새겨서
하늘이 잠시 잠깐 잠드는 사이

하얀 접시꽃 한 송이
제 문을 활짝 열어젖힌다

골목別曲 4

-우물

·

·

닭 부리 입술이
목욕하자 떨어졌다는 알영*처럼,
우물곁에 生을 부려놓은 여자라면
누구나 앓았던 통과제의처럼,

검고 어둔 것이 펴 올린
약관弱冠의 길을 따라 달무리 붉게 번졌다

날선 칼에 댕강댕강 귀 베일 때마다
길은 끝이 선명한 원을 그리기 시작했다
사람들은 그 곁에서 꿈을 키우다 사라지곤 했는데
언제부턴가 그 꿈이
둥글게 말려 올라가다 산산조각 났다는 이야기가 있고
움켜쥐고 있다 끝내 풀지 못했다는 사람도 있고
초벌에서 선택받지 못한 도자陶瓷처럼
잔뜩 웅크린 채 굳어 버렸다는 소문 분분했다

소문의 깊이를 가늠할 수 없는 날은
더 무성했다

*알영 : 신라 혁거세거서간의 비. 알영정(閼英井) 가에 용(또는 鷄龍)이 나타나 옆구리에서 여아를 탄생시켰다. 이때 여아의 입술이 닭의 부리와 같았는데, 월성 북천(北川)에 데리고 가서 목욕시키니 그 부리가 빠졌다. 태어난 우물의 이름을 따서 여아의 이름을 알영이라고 하였다.

골목別曲 5

– 야경

간절함이 깊어지면
툭툭, 노래 불거지네
고단한 날의 새 역사를 쓸 것이라 예측하는 사람
아무도 없었다는 걸 미리 알았네

·

·

잠시 생각이 멈추었다
다시 터지는 붉은 야상곡
길이 없이도
가 닿을 곳이 있는 기도
가만가만 눈을 뜨네

세상 속의 말로는 전할 수 없는
저들만의 고요한 화답

·

·

누가 저 속에서 맑은 날의
기억을 꺼내 펼 수 있을까

골목別曲 5

―야경

간절함이 깊어지면
툭툭, 노래 불거지네
고단한 날의 새 역사를 쓸 것이라 예측하는 사람
아무도 없었다는 걸 미리 알았네

잠시 생각이 멈추었다
다시 터지는 붉은 야상곡
길이 없이도
가 닿을 곳이 있는 기도
가만가만 눈을 뜨네

세상 속의 말로는 전할 수 없는
저들만의 고요한 화답

누가 저 속에서 맑은 날의
기억을 꺼내 펼 수 있을까

* 김일관체

안창마을

쓰레기무단투기금지

골목別曲 6

- 투구꽃

·

·

바람이 투구꽃을 흔들자
골목에 하나둘 조등 켜진다

둥글게 웅크리는 불빛,

펄럭이는 만장 뒤를 따라가던 꽃상여
몇 걸음 나갔다가 뒷걸음질치곤 했다

약속된 시간은
아직 찬바람 속에 흔들리는데
누가 몰래 꽃의 뇌관을 건드렸나
상족上簇의 찬란함 속에도
서늘함이 쌓인다

꽃, 흔들린다는 건
別離의 수레를 밀고 가는 거
굳게 봉인된 비밀문서 같은 거

골목別曲 7

– 이별

·

·

작달비, 내 눈물 지우고
저만치 달아난다

눈물 웅덩이마다
붉은 열꽃이 피어나고
꽃이 지듯 너도 진다

오색 풍선처럼 부풀던 꿈
빗물 속에 띄워 두고
서둘러 이별을 고해야 하는 일
대체 무엇이었을까

나도 거기 어디쯤
꿈을 띄워 놓고
너를 그렸던 마음
빗물 속에서 지워버린다

골목別曲 8

–귀가

·

·

한낮이 걸어간 자리 한숨이 괴고
바람이 핥은 자리 눈물이 고인다

푸르렀던 상처 자리 넓혀 앉을 때
서둘러 달아나는 고단한 날의 밥상

지난겨울 혹한은
어떤 상처였을까

낡은 집 빗장 풀리는 소리
투명하게 들리는 날

편지 한 장 써 보내고 싶다

골목別曲 9

– 골목
의
童畵

·

·

시간의 나이테 같은 길
둥글게 휘어지며 모퉁이를 지나간다

숨겨진 흔적이 꿈틀거린다

49

·

·

아픈 생각 골목을 지나는 동안
꿈의 모서리가 닳아져 뭉툭해진다

·

·

하늘을 찾아가던 어린 날의 숨바꼭질
골목의 어깨보다 커버린 지금
골목에 들면 언제나 첫 눈이 내린다

골목 끝에는 아직
그 주소가 남아 있을까
골목이 깊어질수록 궁금해진다

송림가든
오리불고기 전문
642-9947
644-3945

·

·

부정하고 싶지 않은 상처의 풍경
골목이 굽은 허리를 펴고
내 눈물을 쓸어 내고 있다

마지
성

·

·

그쯤에서 멈추고 싶은 길이여
그것이 기쁨이든 슬픔이든
화장을 지운 술래의 얼굴

골목別曲 9

-골목의 童畵

시간의 나이테 같은 길
둥글게 휘어지며 모퉁이를 지나간다
숨겨진 흔적이 꿈틀거린다

아픈 생각 골목을 지나는 동안
꿈의 모서리가 닳아져 뭉툭해진다

하늘을 찾아가던 어린 날의 숨바꼭질
골목의 어깨보다 커버린 지금
골목에 들면 언제나 첫 눈이 내린다

골목 끝에는 아직
그 주소가 남아 있을까
골목이 깊어질수록 궁금해진다

부정하고 싶지 않은 상처의 풍경
골목이 굽은 허리를 펴고
내 눈물을 쓸어 내고 있다

그쯤에서 멈추고 싶은 길이여
그것이 기쁨이든 슬픔이든
화장을 지운 술래의 얼굴

* 김일관체

골목別曲 10

-가로등

·

·

별도 가까이 하면
가랑이 사이 내려와 잠들듯
밤마다 별을 당겨 왼쪽으로 기울어진 어깨에 걸었죠

한 눈 팔다 줄에서 떨어지는 마리오네뜨처럼
외다리로는 감당키 힘든 천형의 무게

깜박 잠들었나 봐요
이런 의식상실의 선잠이
제일 위험하죠
유럽하늘제비도 날며 순간적으로 잔다고 하는 데요
하지만 우리에겐 선잠도 사치

그렇다고 노숙자처럼 추락하지는 않죠
절대적 안전이 보장되어 있기 때문이죠

당신들은 몇 초도 못견디죠
기우뚱해지면
별이 달아날 것 같아서

산복 도로

골목別曲 11

– 소문

·

·

아, 아,
입술이 낸
붉은 길 사이로
천지사방 흩어지는
무채색의 너울

무성한 입김이 밀고 가는
저 기다란 구름 위로
수천 갈래 거미집 짓는

말, 말의
천국이었다가
추락하는 지옥이었다가

골목別曲 12

- 손목 시계

·

·

잡동사니 서랍 속 시계 한때 손목에서 반짝, 빛나던 때 있었다 별을 주우러 가던 신작로 가장자리 돌탑 쌓듯 하나 둘 몸을 얹던, 휙휙 지나가던 시간의 갈피에서 빛나던 때 있었다

해마다 내린 눈이 꽝, 꽝 북극해를 이루지만 블링블링한 날개 한 쌍 감추고 꿈속에서 본 달팽이처럼 몇 겹인지 모를 껍질을 뚫고 나와 돌아갈 날 다시 온다 믿으며 낡은 서랍 속에 살고 있는지 모른다 한 번도 그려본 적 없는 길 위에 제 몸 부려 우화를 꿈꾸고 있는지 모른다

골목別曲 13

– 얼룩의 자리

한낮을 거둬들이다 빨랫줄에 걸린 어둠의 얼룩을 본다

얼룩은 어둠의 또 다른 이름,

사람의 일생도 어둠이 슬어놓은 얼룩이 있다

누천년 전 이름 모를 행성에 찾아들었다 입구를 잃은 사람처럼
골목 깊이 발 담근 후 두 발 퉁퉁 붓도록 평행의 늪 밖으로 나오지 못했다

불어버린 발등 위 얼룩이 수천 장의 수묵화를 그렸다

기회는 이때,
어둠이 얼룩을 지우고 달아난다

골목別曲 14

- 불빛, 흔들리다

불빛 흔들린다
불빛 흔들리는 날이면
골목,
수정란이 착상된 듯 몸을 떨었다

아버지의 아버지가 들이켰던,
그 아버지의 아버지가 내뿜었던,
골목안 과수댁이 뿌린 바람의 씨앗
아버지의 아버지가 만든 돌밭에
무시로 찾아와 간조롱이 두 발을 뻗으면
아버지,
그런 밤이면 밤새 떨며 한지잠을 잤다

33 초
Chory

바람이란 바람은 징글징글하다며
휘파람조차 허용되지 않던 어린 날
골목에 불던 흉흉한 소문은 꼬리를 감췄지만
할머니 근심은 연기처럼 피어올랐다

골목 불빛,
체머리 흔들듯 흔들린다
맥적게 앉았던 할아버지
부푼 골목 더듬으며
과수댁 왔냐고
고개만 갸우뚱

골목別曲 15

– 봄

·

·

살바람의 어깨가 닿을 때마다
땅의 눈이 자란다

·

·

바람이 빗질한 고랑마다
몸을 낮춘 지난 계절
제 뼈 깎아내고 있다

저기, 몸 일으키는 소리

그들이 당겨 앉는 소리

가장 낮게 엎드려 있던 어린 것들
가장 큰 소리를 내며 뛰어 온다

·

·

더덜뭇한 나도
돋을볕에 서서
아이처럼 환하게 웃고 있다

골목別曲 15

-봄

살바람의 어깨가 닿을 때마다
땅의 눈이 자란다

바람이 빗질한 고랑마다
몸을 낮춘 지난 계절
제 뼈 깎아내고 있다

저기, 몸 일으키는 소리
그들이 당겨 앉는 소리

가장 낮게 엎드려 있던 어린 것들
가장 큰 소리를 내며 뛰어 온다

더벌뭇한 나도
돌올볕에 서서
아이처럼 환하게 웃고 있다

* 김일관체

물만골

골목別曲 16

– 한낮을 지우는 바람

선정에 든 나뭇가지 흔들며
한낮을 지우는 바람

휘청,
각시멧노랑나비 날개
바람의 어깨에 부딪힌다

바람의 눈치 살피며
하루를 마감하는
저 지독한 시간의 오류

길고양이의 붉은 그림자와
꽃 보내고
잎 틔우기 시작한 왕벚나무 눈가에
어루룩더루룩 눈물이 밴다

골목別曲 17

– 새벽

나무 가지 사이를
기웃대던 차가운 안개 산길 내려와
산비둘기 부리를 지운다

어둠 속에 묻힌 십자가
붉은 눈을 내보인다

숨죽이며 기다린
묵언하는 시간 위로
새벽빛이 열린다

너는 지금 어디쯤 피었는가

푸른 꽃,
꽃밭을 돌아
누군가 울고 있다

골목別曲 18

– 풍경

·

·

앉은뱅이꽃 동그라미 사이로
햇살 촘촘히 내려앉고

몸을 휘고 앉아
살아가는 이야기 그러모아
퍼즐 맞추는 시간

이슬로 머리 감고 나온 산봉우리
맑은 물을 털어내자

골목 따라 무지개다리 그리며

하늘의 노래를
탄주하는 풀꽃

골목別曲 19

– 철거

·

·

눈 뜨다 만 새벽 달이 운다

生의 막다른 고샅에서
까막별의 뼈를 훑는 사람들

하루는 어깨 맞대고 쪽잠 자고
하루는 진흙탕 속 머리 묻고 잔다

그들에게 초고층 아파트는 오래된 금기
표음문자로 음각된 비루의 무게

희망은 더 이상 살이 차오르지 않는다

하늘이 운다
철거명령서 끌어안고 기도하던
그가 운다
황금관을 되찾고 싶은 오디새
날기 위해 온종일 파닥거리는데

골목別曲 20

– 기억

·

·

낡은 신 저만치 벗어놓고
무언가 꿈꾸어도
별빛보다 푸를 것 같은
길 위, 맨발로 선다

귓속말하듯 당겨 앉은 지붕 위로

고갱이처럼 일어나는 덩둘한 기억

담장의 흙뒤마다 심어둔 꿈의 씨앗이 자라
허공에 대고 기억의 푸서를 시치고 있다

·

·

한 뼘씩 늘어나는 기억의 씨줄과 날줄

순한 풍경으로 일어선다

골목別曲 20

기억

낡은 신 저만치 벗어놓고
무언가 꿈꾸어도
별빛보다 푸를 것 같은
길 위, 맨발로 선다

귓속말하듯 당겨 앉은 지붕 위로
고갱이처럼 일어나는 덩둘한 기억

담장의 흙뒤마다 심어둔 꿈의 씨앗이 자라
허공에 대고 기억의 푸서를 시치고 있다

한 뼘씩 늘어나는 기억의 씨줄과 날줄

순한 풍경으로 일어선다

* 김일관체

김다희 시집

두손푸름시인선62

인쇄일 | 2013년 12월 16일
발행일 | 2013년 12월 20일
지은이 | 김다희
펴낸이 | 최장락
펴낸곳 | 도서출판 두손컴
주　소 | 부산광역시 부산진구 부전로 35. 301호(부전동, 삼성빌딩)
전화 : (051)805-8002 팩스 : (051)805-8045
이메일 : doosoncomm@daum.net
출판등록 제329-1997-13호

값 10,000원

ISBN 978-89-97083-85-5 03810

* 2013년 부산진구 문화예술 창작집 발간 보상금을 일부 지원받아 제작되었습니다.

이 도서의 국립중앙도서관 출판시도서목록(CIP)은 서지정보유통지원시스템 홈페이지(http://seoji.nl.go.kr)와 국가자료공동목록시스템(http://www.nl.go.kr/kolisnet)에서 이용하실 수 있습니다. (CIP제어번호: CIP2014003727)